MARIA BAKHAREVA • ANNA DESNITSKAYA

# MÄRKTE IN ALLER WELT

Aus dem Russischen
von Thomas Weiler

GERSTENBERG

# INHALT

| | |
|---|---|
| JULI<br>DEUTSCHLAND | * Isemarkt, Hamburg<br>* Viktualienmarkt, München |
| AUGUST<br>RUSSLAND | * Zentralmarkt, Rostow am Don<br>* Selenskije Isady, Fischmarkt von Astrachan |
| SEPTEMBER<br>CHINA | * Yulin-Markt, Chengdu<br>* Morgenmarkt Shengfu Xiaoguan, Peking |
| OKTOBER<br>UNGARN | * Große Markthalle, Budapest<br>* Szimpla, Innenhof-Markt von Budapest |
| NOVEMBER<br>MAROKKO | * Djemaa-el-Fna-Markt, Marrakesch<br>* Fischmarkt, Essaouira |
| DEZEMBER<br>GROSSBRITANNIEN | * Borough-Markt, London<br>* Überdachter Markt, Oxford |

Findest du all diese Stände und Marktbesucher im Buch wieder?

# Warst du schon mal auf einem Markt?

Märkte gibt es, seit die Menschen angefangen haben, Handel zu treiben. Schon im Alten Ägypten, in Griechenland und Rom sind Bauern auf Plätzen zusammengekommen, um ihre Waren feilzubieten. Einige mittelalterliche Märkte gibt es bis heute.

Noch vor etwa 100 bis 150 Jahren konnte man Lebensmittel fast ausschließlich auf Märkten kaufen. Heute haben die Menschen mancher Länder hingegen noch nie einen Markt betreten! Anderswo wiederum haben Märkte ihre Bedeutung nicht verloren.

Dieses Buch nimmt dich mit auf eine Weltreise, bei der du erfährst, wie Märkte in ganz unterschiedlichen Winkeln der Erde aussehen, wer dort einkauft und was dann aus frisch gekauften Lebensmitteln so alles gezaubert wird.

# JANUAR ISRAEL

In Israel ist der wichtigste Markttag der Donnerstag, aber viele Menschen kaufen lieber am Freitagmorgen ein. Ja, am Morgen, denn Freitagabend beginnt mit Sonnenuntergang der Schabbat, der Ruhetag. Am Schabbat haben in Israel alle Märkte und die meisten Läden geschlossen, nicht mal Busse fahren. An diesem Tag trifft man sich traditionell mit der ganzen Familie zu einem festlichen Essen.

## Hebräisch für den Markt

Schalom - Guten Tag/ Auf Wiedersehen
Toda - Danke
Kama ze oleh? - Wie viel kostet das?
Mi acharon? - Wer ist der Letzte (in der Schlange)?
Slicha - Entschuldigung
Maspik - Das reicht.

## Wie geht man auf den Markt?

Mit einem großen Einkaufstrolley, die gibt es auch in quietschbunt!

## Die beliebtesten Waren

Labneh
Ein frischkäseähnlicher, leicht salziger Joghurt. Kann man auch selber machen: einfach Naturjoghurt über Nacht durch ein Mulltuch abtropfen lassen.

Hummus
Eine traditionelle Vorspeise aus Kichererbsen, Knoblauch, Sesammus (Tahin) und Zitronensaft

Pita (Brot)

## Der kleinste Schein: 20 Schekel

Was du dafür kriegst:

1 Portion Falafel (frittierte Kichererbsenbällchen) und Gemüse im Pitabrot

## Was kochen?

# Aubergine in Sesamsauce

1 Die Aubergine in dicke Stücke schneiden, in eine Schüssel mit kaltem Salzwasser geben und 15 Minuten stehen lassen.

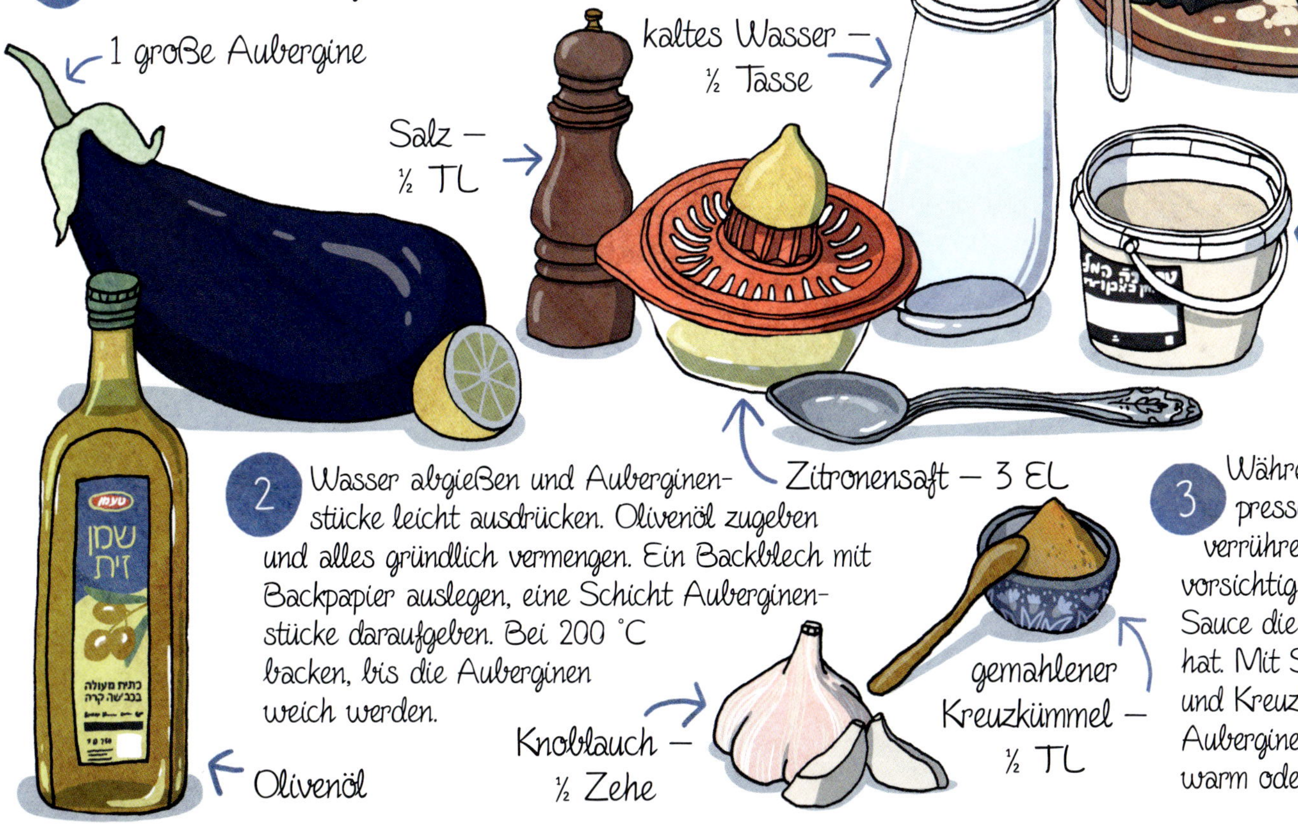

- 1 große Aubergine
- Salz – ½ TL
- kaltes Wasser – ½ Tasse
- Tahin – ½ Tasse (Mus aus Sesamsamen)
- Zitronensaft – 3 EL
- Knoblauch – ½ Zehe
- gemahlener Kreuzkümmel – ½ TL
- Olivenöl

2 Wasser abgießen und Auberginenstücke leicht ausdrücken. Olivenöl zugeben und alles gründlich vermengen. Ein Backblech mit Backpapier auslegen, eine Schicht Auberginenstücke daraufgeben. Bei 200 °C backen, bis die Auberginen weich werden.

3 Währenddessen Zitronen auspressen, den Saft mit Tahin gut verrühren. Unter kräftigem Rühren vorsichtig Wasser zugießen, bis die Sauce die gewünschte Konsistenz hat. Mit Salz, gepresstem Knoblauch und Kreuzkümmel abschmecken. Auberginen mit der Sauce übergießen, warm oder kalt genießen.

# שוק מחנה יהדה / MAHANE-YEHUDA-MARKT, JERUSALEM

Der bekannteste Markt Israels. Oft wird er einfach Shuk genannt, „der Markt“. Die Händler kommen aus aller Herren Länder, von Georgien bis Äthiopien.

WO: in Jerusalem, zwischen Altstadt und Bahnhof

SEIT WANN: 1887. Jerusalem gehörte damals zum Osmanischen Reich.

ÖFFNUNGSZEITEN: Sonntag bis Donnerstag, 8–19 Uhr (am besten zwischen 9.30 und 17 Uhr kommen), Freitag 8–17 Uhr. Samstags hat der Markt geschlossen, nur Cafés und Restaurants öffnen am Abend.

Aussehen: ein richtiges Labyrinth, das sich durch mehrere Stadtviertel zieht

Mischa Pinchasow, ein Ole (so nennt man Menschen, die erst kürzlich in das Land ihrer Vorfahren zurückgekehrt sind)

Mal probieren: Hummus

HUMMUS! MAMA GIBT MIR MEISTENS MÖHRENSTIFTE DAZU, ABER ICH MAG LIEBER HUMMUS MIT PITA. ABER VORSICHT, HUMMUS GIBT ES AUCH IN SCHARF!

Heißer Tipp: der Stand vom „Kippa Man“ mit Kippas in allen Ausführungen, Stände mit Halva und frischen Obstsäften

Für die Eltern: verschiedene Olivensorten im Shimshon Pickles Center probieren und reichlich Gewürze kaufen

Mariam S., 7 Jahre

Probiert auch die traditionellen Süßigkeiten beim Halva-König.

# שוק לוינסקי / LEVINSKY-MARKT, TEL AVIV

Eine Fundgrube für besondere Gewürze und kulinarische Köstlichkeiten. Die ganze Nachbarschaft duftet würzig!

WO: in Tel Aviv in der Levinsky-Straße

SEIT WANN: 1930er-Jahre, als Tausende Juden aus dem griechischen Thessaloniki in Palästina einwanderten. Sie ließen sich mehrheitlich im Stadtviertel Florentin nieder, wo bald ein kleiner Markt entstand.

ÖFFNUNGSZEITEN: Sonntag bis Donnerstag 8–19 Uhr, Freitag 8–14 Uhr. Samstags findet kein Markt statt.

Aussehen: Es ist kein Markt im eigentlichen Sinne, einfach eine Straße mit sehr vielen kleinen Läden.

Heißer Tipp:

In Tel Aviv gibt es professionelle Hundeausführer. Manche haben fünf oder sogar noch mehr Hunde an der Leine. Wie viele Hunde begegnen dir hier?

Für die Eltern:

Sie sollen das Café Arma suchen. Das ist ein Laden für allerlei Gesundheitskram (Eltern mögen so was), zum Beispiel Heilkräuter.

Mal probieren:

Die Süßigkeit Baklava aus dem Mahrum-Laden, einer Zweigstelle der berühmten 1890 in Nazareth gegründeten Konditorei. Für die Erwachsenen gibt es dort den traditionellen Nakhleh-Kaffee mit Kardamom.

# MAHANE-YEHUDA-MARKT

Findest du hier
- einen Hund?
- zwei Nonnen?
- Mariam S.?

רוזמרין
mary
תבלין של בית
מכבדים כרטיס אשראי
ומעשרות

# FEBRUAR CHILE

In Chile wird bis heute etwa die Hälfte aller Lebensmittel auf Straßenmärkten und in kleinen Läden verkauft. Jede Stadt hat ihren Markt, in größeren Städten sogar jedes Viertel. Eingekauft wird meist freitags oder samstags.

Wer nicht weiß, wie man Seeigel öffnet, kann sich von den Händlern helfen lassen.

## Wie geht man auf den Markt?

Mit einem praktischen Beutel. Auf manchen chilenischen Märkten trifft man auch Menschen mit Einkaufswagen wie im Supermarkt.

## Spanisch für den Markt

In Chile wird Spanisch gesprochen, aber die Aussprache und manche Begriffe unterscheiden sich von denen in anderen spanischsprachigen Ländern.

Sí – Ja
No – Nein
Gracias – Danke
Buenos días – Guten Tag
De nada – Bitte sehr / Nichts zu danken
¡Permiso! – Entschuldigung!
Quisiera … – Ich hätte gern …

## Jahreszeiten

Chile liegt auf der Südhalbkugel, der Februar ist hier ein Sommermonat. Frisches chilenisches Obst wird ins winterliche Europa und nach Nordamerika ausgeführt. Sieh mal nach, woher Weintrauben oder Blaubeeren im Winter kommen – vielleicht ja aus Chile oder einem der Nachbarländer.

## Der kleinste Schein: 1000 Pesos

Was du dafür kriegst:

1 kg Kartoffeln oder Möhren

## Die beliebtesten Waren

1 mittelgroße Zwiebel

2 mittelgroße Tomaten

2 Maiskolben

## Was kochen?

# Tomaticán

(Tomatenragout)

½ kg Rindfleisch (Hüftsteak oder Filet)

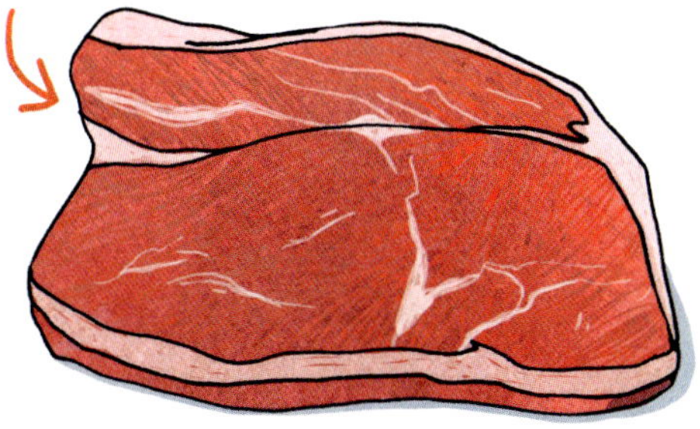

Pflanzenöl

Salz & Pfeffer nach Belieben

1. Maiskörner vom Kolben lösen (zur Not geht auch Tiefkühlmais), Zwiebeln und Tomaten würfeln. Steaks salzen, pfeffern und von beiden Seiten anbraten, bis die Kruste bräunlich wird. Aus der Pfanne nehmen und abkühlen lassen.

2. Zwiebeln in dieselbe Pfanne geben, bei mittlerer Hitze unter gelegentlichem Rühren goldbraun anbraten (5–8 Minuten). Maiskörner und Tomatenwürfel zugeben, weitere 5–7 Minuten garen, Rühren nicht vergessen.

3. Das Fleisch in schmale Streifen schneiden, zum Gemüse geben und ein paar Minuten garen. Bei Bedarf nachsalzen, mit Reis servieren.

DAS IST EIN BELIEBTES SOMMERGERICHT IN CHILE!

# MERCADO CENTRAL / ZENTRALMARKT, SANTIAGO

Die Markthalle ist eines der schönsten Gebäude der chilenischen Hauptstadt. Hier gibt es alle möglichen Lebensmittel, die Hauptsache sind aber Fisch und Meeresfrüchte.

WO: im Zentrum von Santiago, Ismael Valdés Vergara 956

SEIT WANN: 1872. Früher war hier einmal eine Müllhalde!

ÖFFNUNGSZEITEN: Montag bis Donnerstag 6–17 Uhr, Freitag 6–20 Uhr, Samstag 6–18 Uhr, Sonntag 6–17 Uhr

Aussehen: ein sehr schöner Bau mit eindrucksvollen gusseisernen Säulen und offenem Dach. Die Metallkonstruktionen stammen übrigens aus Schottland und kamen per Schiff nach Chile.

Heißer Tipp:
Fußballtrikots bekannter Clubs an den Wänden der Bar Donde Augusto

Mal probieren:

Seeigel

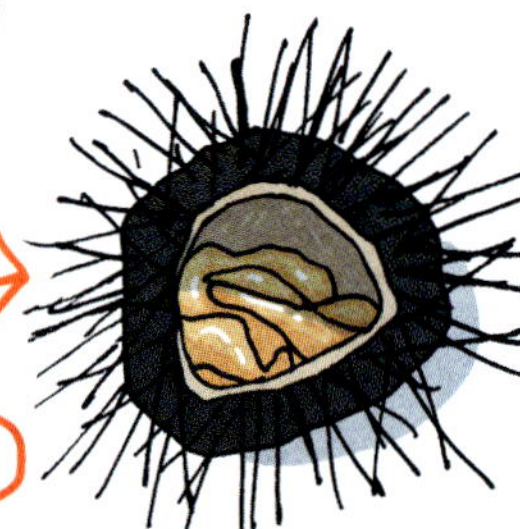

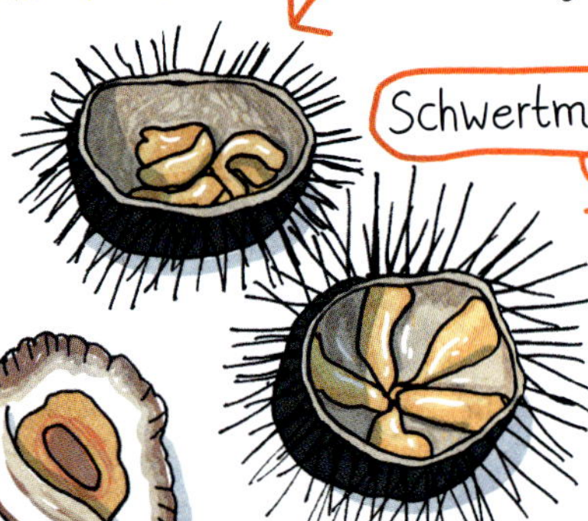

Schwertmuscheln

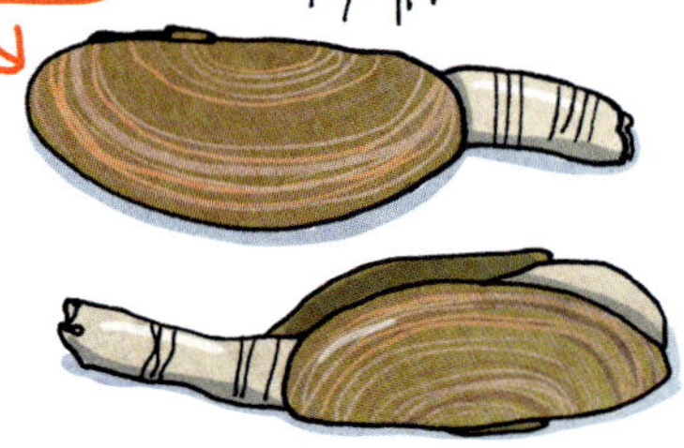

Austern

Für die Eltern:
Ausgefallene Schalentiere probieren. Es gibt eine riesige Auswahl!

ICH MAG COMPLETO ITALIANO! DAS IST EIN HOT-DOG MIT AVOCADO, TOMATE UND MAJO. EIGENTLICH AUCH NOCH MIT ZWIEBEL, ABER ICH NEHM IMMER OHNE. ICH HASSE ZWIEBELN!

Mercedes D., 11 Jahre

Patagonische Königskrabbe

# MERCADO TÍPICO CALETA DE ANGELMÓ / ANGELMO-FISCHMARKT, PUERTO MONTT

Hier gibt es besonders frischen Fisch. Der Markt liegt am Strand, die Fischer bringen ihren Fang direkt zu den Ständen.

WO: Caleta Angelmo, Puerto Montt

SEIT WANN: Den Fischereihafen gab es schon Ende des 19. Jahrhunderts, den Markt gibt es erst seit den 1970er-Jahren.

ÖFFNUNGSZEITEN: täglich 6-20 Uhr

## Aussehen:

ein leichter hölzerner Pfahlbau direkt am Meer mit vielen Ständen und Buden

## Heißer Tipp:

Die Fischerboote! Und manchmal sitzen auch Seelöwen auf den Bojen und Steinen.

## Für die Eltern:

Auch hier sollte man Meeresfrüchte probieren. Und Elefantenknoblauch, der auf den Inseln des Chiloé-Archipels angebaut wird. Er ist riesig!

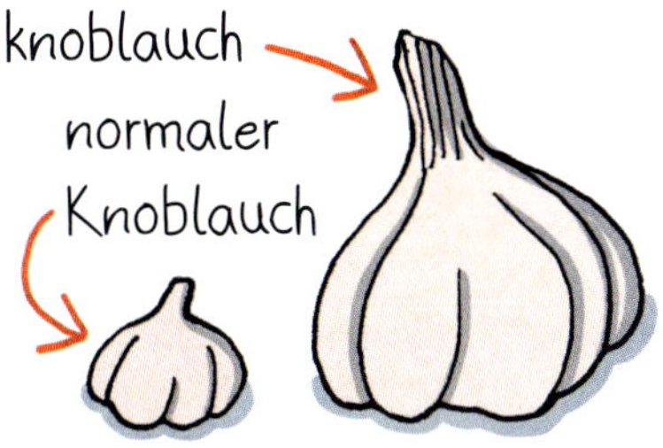


## Mal probieren:

Sopaipillas, frittierte Kürbisplätzchen, sind ein typisch chilenischer Snack.

# ANGELMO-FISCHMARKT, PUERTO MONTT

Findest du hier
- alle Zutaten für Tomaticán?
- Mercedes D.?

# MÄRZ THAILAND

Supermärkte gibt es in Thailand erst seit den 1970er-Jahren, deshalb spielen Märkte hier noch immer eine wichtige Rolle.

In Thailand gebietet es die Höflichkeit, an jeden Satz ein „kha" anzuhängen (gilt für Frauen) oder ein „khrap" (für Männer).

## Wie geht man auf den Markt?

Früher ging man mit Bambuskörben einkaufen, inzwischen wurden sie von Kunststofftaschen abgelöst.

## Thailändisch für den Markt

Sawadee - Guten Tag
Chai - Ja
Mai chai - Nein
Khop khun - Danke
Khor thoad - Entschuldigung
Mai phet - Nicht scharf
Ra kha tao rai? - Wie viel kostet das?

## Der kleinste Schein: 20 Baht

Was du dafür kriegst:

1 Schale Papaya

oder 1 Ananas

## Die beliebtesten Waren

## Was kochen?

# Phat Thai

(Reisnudeln mit Huhn)

- 250 g Reisbandnudeln
- 3 Knoblauchzehen
- 1 Bund Koriander
- 2 Limetten
- Pflanzenöl
- 3 EL Fischsauce
- 2 Hähnchen-Oberkeulen ohne Knochen
- 6 Frühlingszwiebeln
- 100 g Sojasprossen
- 2 Eier
- 4 EL geröstete Sesamsamen
- 1 EL brauner Zucker

1 Nudeln nach Packungsanweisung kochen, abgießen und stehen lassen.

2 Knoblauch, Korianderstängel, Limettenabrieb und nach Geschmack Chilipulver zu einer Paste verreiben. Traditionell mit Stößel und Mörser, Pürierstab geht aber auch.

3 Frühlingszwiebeln klein schneiden. Eier schaumig schlagen, Limetten auspressen, Hühnchenfleisch in feine Streifen schneiden. Öl in einer großen Pfanne erhitzen, bis es dampft. Paste zugeben und kurz anbraten. Hühnchen, die Hälfte der Frühlingszwiebeln und der Sprossen zugeben, unter ständigem Rühren 2–3 Minuten anbraten.

4 Nudeln zugeben und gut verrühren. Limettensaft, Fischsauce und Zucker zugeben, weiter 2 Minuten unter Rühren köcheln lassen. Eischaum zugeben und rühren, bis das Ei fest wird. Mit Korianderblättern, Sesam und den restlichen Frühlingszwiebeln und Sprossen bestreut servieren.

# ตลาดน้ำอัมพวา / SCHWIMMENDER MARKT VON AMPHAWA

Beliebter Markt in einem alten Fischerdorf

WO: am Kanal zum Mae Klong bei Amphawa, etwa anderthalb Autostunden von Bangkok entfernt

SEIT WANN: 2004

ÖFFNUNGSZEITEN: Freitag bis Sonntag, 12–22 Uhr. Am besten kommt man gegen 15 Uhr, dann ist alles geöffnet, aber noch nicht so ein Gedränge.

## Aussehen:

reihenweise kleine Läden an beiden Kanalufern, am Wasser stehen Tische, zu denen die Streetfood-Verkäufer gefahren kommen

## Heißer Tipp:

Amphawa ist nicht nur für den Markt berühmt, es gibt hier auch riesige Glühwürmchenschwärme. Abends kann man Bootstouren zu ihnen machen. Mit etwas Glück siehst du leuchtende Bäume!

## Für die Eltern:

frische Shrimps und Tintenfisch, direkt auf dem Boot gegrillt!

## Mal probieren:

MEIN LIEBLINGSESSEN SIND KHANOM KHROK, KOKOSREISKÜCHLEIN. DAVON ESS ICH FÜNF HINTEREINANDER!

Anong W., 7 Jahre

# คลองเตยตลาด / KLONG-TOEY-MARKT, BANGKOK

Der größte, günstigste und beliebteste Markt in Bangkok. Hier gibt es alles: von frischem Obst bis zu lebenden Fröschen und Grillen.

WO: in Bangkok, an der Rama-IV.-Straße

SEIT WANN: 1980er-Jahre

ÖFFNUNGSZEITEN: täglich 6-2 Uhr, am besten frühmorgens hingehen

Aussehen: ein verworrenes Labyrinth von Lädchen, Buden und Ständen

Heißer Tipp:
Träger mit riesigen Rollkörben helfen beim Transport der Einkäufe.

Aufgepasst:
Auf dem Markt dürfen Mopeds fahren!

Für die Eltern:
Trauen sie sich an frittierte Grillen?

Mal probieren:
Die Durianfrucht stinkt erbärmlich, schmeckt aber gut.

# SCHWIMMENDER MARKT VON AMPHAWA

Findest du hier
- 5 Durianfrüchte?
- 2 Katzen?
- Anong W.?

# APRIL SPANIEN

Hier lieben die Leute ihre Märkte! Jede Stadt hat mindestens einen. Die großen Markthallen haben täglich geöffnet (nur die Fischstände sind sonntags geschlossen), bei den kleineren Wochenmärkten unterscheidet sich der Öffnungstag von Stadt zu Stadt.

## Die beliebtesten Waren

## Baskisch und Katalanisch für den Markt

Neben Spanisch gibt es im Land noch weitere Amtssprachen. In Katalonien (wo auch Barcelona liegt) werden noch Katalanisch und Aranesisch gesprochen, im Baskenland Baskisch und in Galicien Galicisch. Hier einige Ausdrücke in Baskisch und Katalanisch:

Kaixo / Bon dia - Guten Tag
Agur / Adéu - Auf Wiedersehen
Eskerrik asko / Gràcies oder Merci - Danke

## Wie geht man auf den Markt?

Mit Einkaufstrolley!
Er ist in Spanien so populär, dass die Supermärkte eigene Parkplätze dafür eingerichtet haben.

# Tortilla de patatas

Vielleicht kennst du die mexikanischen Tortillas, dünne Fladen aus Weizen- oder Maismehl. Die spanische Kartoffeltortilla sieht ganz anders aus, sie ist eine Art Omelett.

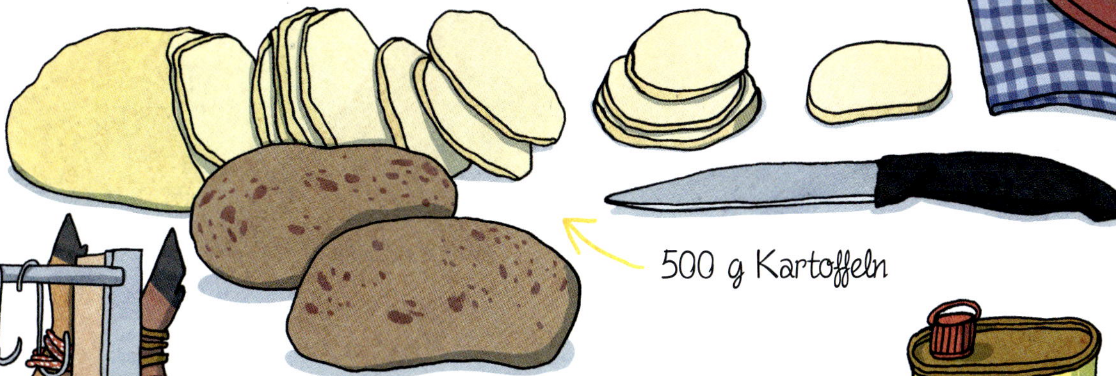


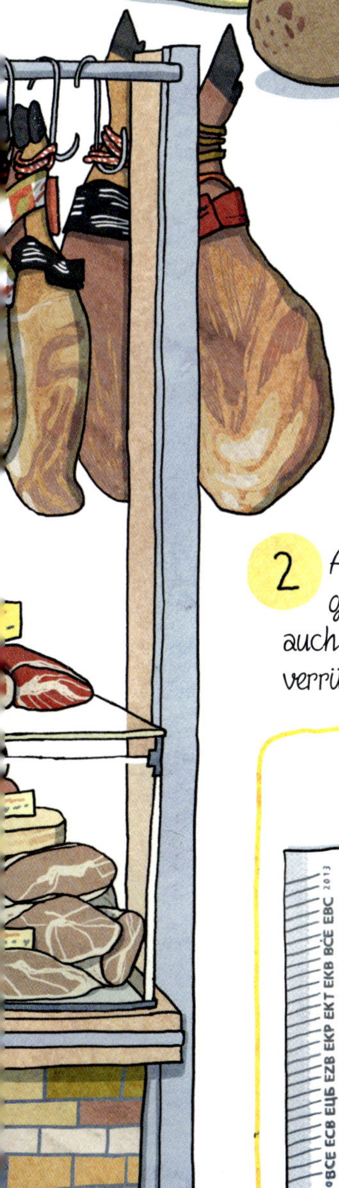

1 Die Zwiebel schälen, in schmale Halbringe schneiden und bei mittlerer Hitze leicht anbraten. Kartoffeln waschen, schälen und in Scheiben schneiden, zu den Zwiebeln geben und unter Rühren 15–20 Minuten braten.

2 Alles in ein Sieb geben, Öl abtropfen lassen. Eier in einer großen Schüssel schaumig schlagen. Salz zugeben (evtl. auch Pfeffer). Kartoffeln und Zwiebeln ins Ei gleiten lassen, verrühren und einige Minuten stehen lassen.

## Der kleinste Schein: 5 Euro

### Was du dafür kriegst:

1 Papiertüte mit gebratenen Meeresfrüchten (Fisch, Tintenfisch usw.)

3 Mit Olivenöl bestrichene Pfanne erhitzen, Kartoffel-Ei-Masse hineingeben und bei geringer Hitze braten, bis die Ränder goldbraun werden (die Mitte bleibt flüssig). Nun die Tortilla vorsichtig wenden: auf einen großen Teller gleiten lassen, mit einem weiteren Teller bedecken, das Ganze stürzen und wieder in die Pfanne gleiten lassen. Weitere 5 Minuten braten. Die Tortilla gleich servieren oder, besser noch, auf Raumtemperatur abkühlen lassen.

# MERCAT DE SANT JOSEP DE LA BOQUERIA / LA-BOQUERIA-MARKT, BARCELONA

Einer der berühmtesten Märkte überhaupt (und sicher der bekannteste in Spanien). Täglich kaufen etwa 40 000 Menschen hier ein.

WO: an der Rambla, einer Promenade im Zentrum von Barcelona

SEIT WANN: Im 13. Jahrhundert war hier ein Fleischmarkt. Die Geschichte des heutigen Marktes begann im Jahr 1840.

ÖFFNUNGSZEITEN: Montag bis Samstag, 8-20.30 Uhr

Aussehen: ein schönes großes Gebäude mit einer Dachkonstruktion aus Metallstreben

Viele Touristen kommen auf den Markt. Die Einheimischen ärgern sich, dass wegen der Touristen die Preise so gestiegen sind.

Helen, Touristin aus Großbritannien

ALS ICH JUNG WAR, GAB ES KAUM TOURISTEN HIER!

Señora Deu wohnt in der Gegend.

## Heißer Tipp:

die vielen Pinocchio-Figuren in der Pinotxo-Bar (so heißt er auf Katalanisch)

## Kannst du Spanisch?

Barcelona und San Sebastián liegen zwar in Spanien, aber dort wird nicht nur Spanisch gesprochen. Barcelona ist die Hauptstadt Kataloniens, die zweite Amtssprache dort ist Katalanisch. Und San Sebastián liegt im Baskenland, dort sprechen viele Menschen Baskisch. Sie nennen die Stadt Donostia.

## Mal probieren:

ICH LIEBE SMOOTHIES! AUF DEM MARKT GIBT ES VIELE SORTEN, AM BESTEN SCHMECKT MIR ERDBEER-KOKOS. MAMA SCHIMPFT IMMER, DAS WÄR EINE TOURISTENFALLE, ABER DAS IST MIR EGAL.

Pau F., 9 Jahre

## Für die Eltern:

Spanien ist berühmt für seinen luftgetrockneten Schinken, den Jamón Iberico. Sag deinen Eltern, sie sollen nicht den abgepackten Schinken am Eingang kaufen, im hinteren Teil sind Auswahl und Preise besser.

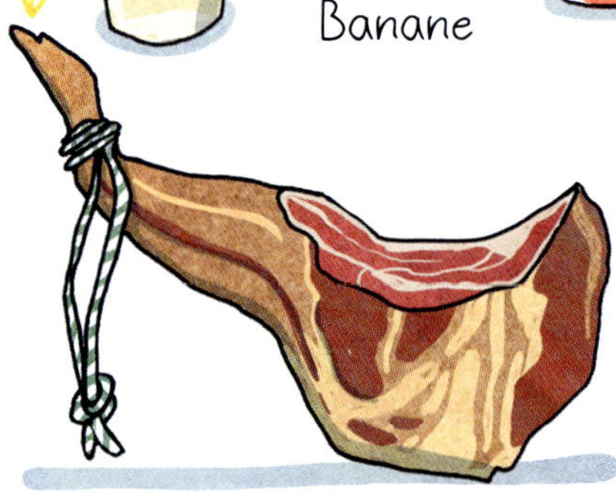

# MERCADO DE LA BRETXA / LA-BRETXA-MARKT, SAN SEBASTIÁN

Der älteste Markt im Seebad San Sebastián, das berühmt ist für seine Restaurants (einige zählen zu den besten weltweit)

WO: Boulevard Zumardia, unweit der Küste

SEIT WANN: 1871

ÖFFNUNGSZEITEN: Montag bis Samstag, 8-21 Uhr

## Aussehen:

Steinbau mit großen Bogenfenstern

## Heißer Tipp:

An Samstagen Freiluftmarkt beim Marktgebäude. Landwirte aus der Region verkaufen dort Obst, Gemüse, Blumen und hausgemachten Käse.

## Mal probieren:

Verbrannten baskischen Käsekuchen. Er schmeckt anders als gewöhnlicher Käsekuchen, mehr nach Sahne und Ei. Vielleicht nicht dein Geschmack, aber einen Versuch wert.

## Für die Eltern:

Unbedingt den Idiazábal probieren, einen Käse aus Schafmilch, der nur hier im Baskenland hergestellt wird.

LA-BOQUERIA-MARKT, BARCELONA
Findest du hier
• alle Zutaten für Tortilla de patatas?
• Pau F.?
DUNKIN' COFFEE
1×3€
1×2
1×3€

MERCAT
St JOSEP
LA BOQUERIA
JABUGO GUIJUELO EXTREMADURA selecció en origen
Marcos

# MAI
# FRANKREICH

Ein Paradies für Marktfans! Die meisten Städte und Dörfer haben einen Wochenmarkt, mancherorts ist auch zweimal die Woche oder sogar täglich Markttag. In Großstädten wie Paris hat jedes Stadtviertel seinen eigenen Markt.

## Die beliebtesten Waren

## Französisch für den Markt

Bonjour - Guten Tag
S'il vous plaît - Bitte
Merci - Danke
C'est combien? - Wie viel kostet das?
Je voudrais ... - Ich hätte gern ...

## Wie geht man auf den Markt?

Mit einer großen geflochtenen Tasche mit Lederriemen. Aber in größeren Städten kommen die Leute auch oft mit Einkaufstrolleys.

Der kleinste Schein: 5 Euro

Was du dafür kriegst:

1 Schale Erdbeeren

Was zubereiten?

# Mesclun-Salat

Mesclun ist ein Dialektausdruck für „Mischung“. Er steht für einen Mix aus jungen Blättern verschiedener grüner Salate. Zu einem klassischen provenzalischen Mesclun gehören mindestens Kerbel, Rucola und Endivie, aber es dürfen weitere Salate ergänzt werden – je mehr, desto leckerer.

Endivie

Chicorée

Kerbel

Rucola

5 Handvoll verschiedene Salatblätter

1 Zunächst die Salate waschen. Blätter verlesen, schadhafte Blätter entfernen, große Blätter zerrupfen. In einer großen Schüssel mit kaltem Wasser waschen, dann in einer Schleuder gründlich trocknen. Die Blätter müssen richtig trocken sein!

½ TL Salz

1 Knoblauchzehe

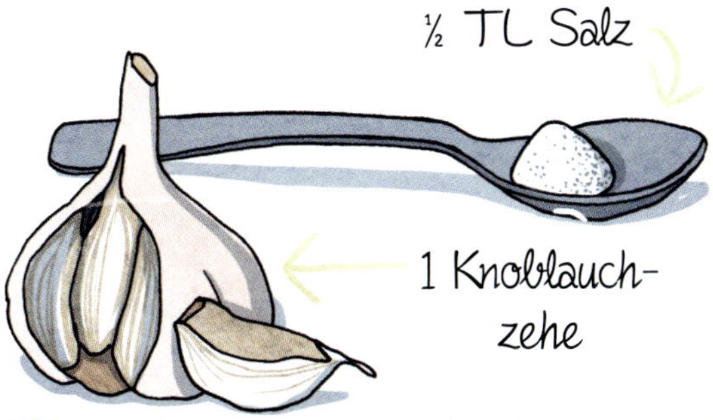

2 TL Rotweinessig

2 EL Olivenöl

schwarzer Pfeffer zum Abschmecken

2 Knoblauch, Pfeffer und Salz in einem Mörser zerstoßen. Essig zugeben und 5 Minuten stehen lassen. Dann in ein kleines Schraubglas gießen, Olivenöl zugeben, fest verschließen und 30 Sekunden gründlich schütteln. Fertig ist eine klassische Vinaigrette.

3 Die Salatblätter in eine große Schüssel geben, mit der Vinaigrette begießen und gründlich von Hand mischen. Sofort servieren!

# MARCHÉ AUX FRUITS, LÉGUMES ET MARÉE DU COURS SALEYA
# MARKT AUF DEM COURS SALEYA, NIZZA

Der älteste und bekannteste Markt Nizzas

WO: auf dem Cours Saleya in der Altstadt, in unmittelbarer Strandnähe

SEIT WANN: Juli 1861. Damals war Napoleon III. Kaiser der Franzosen, ein Neffe von Napoleon Bonaparte.

ÖFFNUNGSZEITEN: Dienstag bis Sonntag, 6-13.30 Uhr. Cafés und Restaurants sind auch abends geöffnet.

**Aussehen:**

lange Reihen von Ständen unter gestreiften Markisen

**Heißer Tipp:**

Am westlichen Ende des Cours Saleya gibt es einen Blumenmarkt.

**Für die Eltern:**

Socca. Der Pfannkuchen aus Kichererbsenmehl ist eine Spezialität Nizzas. Die beste Socca gibt es am Stand Chez Thérésa. Beiß mal ab!

WENN WIR AUF DEN MARKT GEHEN, KAUFT MAMA MIR IMMER EIN STÜCK PISSALADIERA, WIE WIR HIER IN NIZZA DAZU SAGEN. DAS IST WIE PIZZA, ABER MIT ZWIEBELN UND SARDELLEN. SÜSS UND SALZIG ZUGLEICH. SEHR FEIN.

Nathalie D., 7 Jahre

# LES HALLES DE LYON – PAUL BOCUSE
# PAUL-BOCUSE-MARKT, LYON

Der wichtigste Markt in Lyon, einer der internationalen Gastronomie-Metropolen. Also einer der wichtigsten Märkte überhaupt!

WO: fünf Gehminuten vom Bahnhof Lyon-Part-Dieu

SEIT WANN: 1971

ÖFFNUNGSZEITEN: Der Markt hat wochentags 7-19 Uhr, sonn- und feiertags 7-13 Uhr geöffnet. Aber jeder Laden und jedes Restaurant hat eigene Öffnungszeiten.

Aussehen: ein moderner Glasbau

HÜHNCHEN AUS BRESSE SOLL JA WELTKLASSE SEIN!

Heißer Tipp:

der Laden mit den lustigen Marzipanfigürchen

Mal probieren:

Kandierte Früchte bei Bahadourian und die Quenelles, die traditionellen Lyoner Fischklößchen

Für die Eltern:

Das auf Froschschenkel spezialisierte Baba La Grenouille. Trauen sie sich an diese Delikatesse heran?

Wer war Paul Bocuse?

Paul Bocuse (1926-2018) war einer der größten französischen Küchenchefs aller Zeiten. Er erfand die „nouvelle cuisine" (neue Küche) – eine leichtere und modernere Variante der traditionellen französischen Kochkunst. Nicht nur der Markt ist nach ihm benannt, auch der internationale Kochwettbewerb Bocuse d'Or („Goldener Bocuse"). Die Endrunde wird natürlich in Lyon ausgetragen!

# MARKT AUF DEM COURS SALEYA, NIZZA

Findest du hier
- 5 große Flechttaschen?
- 5 Pissaladieras?
- Nathalie D.?

DON'T TOUCH
Plat du jour
quiche 10€
lorraine

# JUNI USA

In den USA wird vor allem im Supermarkt eingekauft. Und wer geht auf den Markt? Einwanderer und Foodies, also Menschen, die sich für ausgewogene Ernährung interessieren. Und umweltbewusste Menschen, die gesund leben wollen.

## Wie geht man auf den Markt?

Mit einem großen Leinenbeutel. Vielleicht sogar mit dem Logo des Lieblingsmarktes!

## Englisch für den Markt

Hello - Hallo
Goodbye - Auf Wiedersehen
How much does it cost? - Wie viel kostet das?
Excuse me - Entschuldigung
I would like ... - Ich hätte gern ...

## Welches Gemüse stammt aus Nordamerika?

Der kleinste Schein: 1 Dollar

Was du dafür kriegst:

1 Ahornsirup-Toffee

Was backen?

# Strawberry Shortcake

500 g reife Erdbeeren

100 g Zucker

250 g Mehl

1 TL Backpulver

115 g Butter

1. Erdbeeren waschen, Stiele entfernen, Früchte klein schneiden. Die Hälfte des Zuckers zugeben und mischen.
2. Mehl, restlichen Zucker und Backpulver mischen. Butter in kleinen Flocken zugeben. Buttermilch zugießen und die Masse gut verkneten. Teig auf einer bemehlten Arbeitsfläche 1 cm dick auswellen.

1 Tasse Sahne

¼ Tasse Buttermilch

¼ TL Salz

3. Mit einem Glas oder Förmchen pro Portion zwei Kreise ausstechen. Bei 180 °C goldbraun backen (ca. 10 Minuten). Aus dem Ofen nehmen und auf einem Rost abkühlen lassen.
4. Sahne steif schlagen (wer mag, kann etwas Puderzucker zugeben). Shortcake auf einen Teller legen, mit 1 Löffel Erdbeeren und 1 Löffel Sahne befüllen, mit zweitem Shortcake abdecken, noch eine Schicht Erdbeeren und Sahne auftragen. Mit den weiteren Shortcakes entsprechend.

# UNION SQUARE GREENMARKET, NEW YORK

**Der größte und bekannteste Markt in New York City**

WO: in Manhattan, Nordwestecke des Union Square Park

SEIT WANN: 1976. Alles begann mit einer Handvoll Ständen.

ÖFFNUNGSZEITEN: Montag, Mittwoch, Freitag und Samstag, 8-18 Uhr

Aussehen: viele Stände am Rande eines kleinen Parks

Heißer Tipp:
Der Stand von Andrew's Honey. Andrew Coté imkert auf den Dächern von New Yorker Wolkenkratzern, sein Honig ist also voll mit New York! Die Bienen folgen ihm sogar auf den Markt! Ist das nicht genial?

Für die Eltern:
Vielleicht die Kochaktionen von New Yorker Köchen? Vielleicht wollen sie auch beim Strawberry-Shortcake-Wettessen mitmachen, das meistens im Juni stattfindet.

ICH MAG TOFFEES AUS AHORNSIRUP. DEN SIRUP SELBER AUCH, VOR ALLEM AUF PANCAKES.

Michael B., 6 Jahre

# FERRY BUILDING MARKETPLACE, SAN FRANCISCO

Einer der jüngsten Bauernmärkte in den USA

WO: im und um das alte Hafengebäude, wo die Fähren über die Bucht von San Francisco ablegen

SEIT WANN: 1992. Ursprünglich war der Markt als einmaliges Event geplant – nun gibt es ihn schon mehr als 30 Jahre.

ÖFFNUNGSZEITEN: Die Läden im Gebäude haben täglich geöffnet, der Bauernmarkt draußen findet Dienstag und Donnerstag 10-14 Uhr und Samstag 8-14 Uhr statt.

Aussehen: viele kleine Läden und Cafés im Ferry Building und Stände im Freien davor

Heißer Tipp: der Blick auf die Schiffe und die Bay Bridge, eine Hängebrücke zwischen San Francisco und Oakland

Für die Eltern: Die argentinischen Empanadas von El Porteño. Es gibt verschiedene Füllungen, besonders beliebt ist Carne: Rinderhack, Zwiebeln, Oliven, Rosinen und hartgekochte Eier.

Mal probieren: Ein Eis bei Humphry Slocombe mit einer irren Geschmacksrichtung. Wie wäre es mit Erdnussbutter-Schokokeks und für deine Eltern vielleicht Gänseleber, Erdbeer-Zuckerjalapeño und Weißes Miso-Apfel?

# MARKT AUF DEM UNION SQUARE, NEW YORK

Findest du hier:

- 5 Bienen?
- 5 Eistüten?
- Michael B.?

BARNES & NOBLE
Kellogg's
Red Carrots $2.50
beats 2.30
Purple carrots $2.50

# JULI
# DEUTSCHLAND

In Deutschland kauft man sein Essen meist im Supermarkt, aber Wochenmärkte sind ebenfalls beliebt. Einen bundesweiten Markttag gibt es nicht, jeder Markt hat seine eigenen Öffnungszeiten.

## Wie geht man zum Markt?

Mit praktischen Leinenbeuteln

## Die beliebtesten Waren

## Der kleinste Schein: 5 Euro

Was du dafür kriegst:

2 mittlere Köpfe Blumenkohl

Diese Gemüsesorten kennt außerhalb Deutschlands kaum jemand:

Was kochen?

# Sommerlicher Kartoffelsalat

1 Kartoffeln sauber bürsten und kochen, Gurke und Radieschen waschen und schneiden.

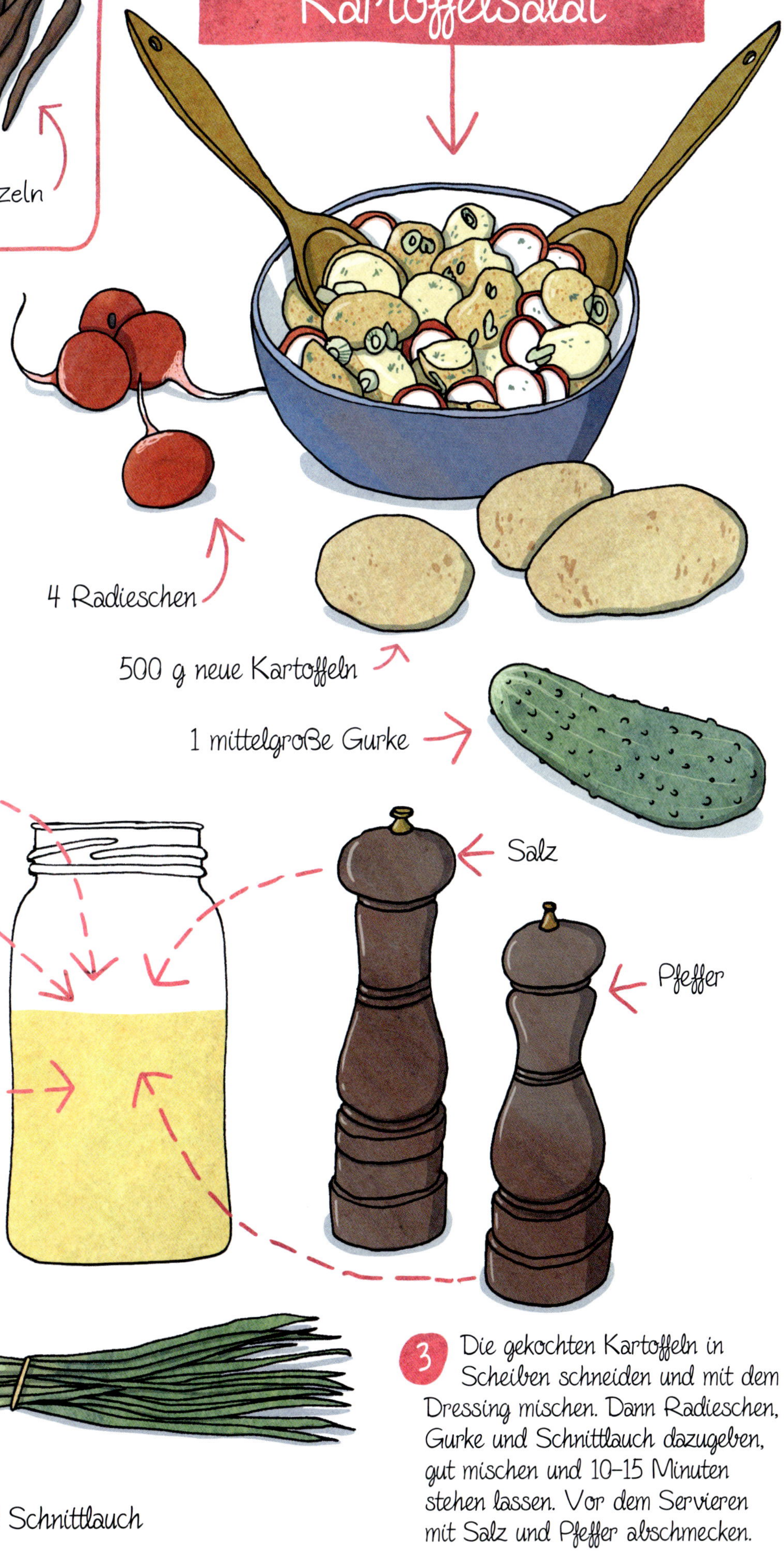


2 Für das Dressing Brühe, Senf, Öl, Salz und Pfeffer verrühren (z. B. in einem Glas wie die Vinaigrette im Kapitel „Frankreich“).

3 Die gekochten Kartoffeln in Scheiben schneiden und mit dem Dressing mischen. Dann Radieschen, Gurke und Schnittlauch dazugeben, gut mischen und 10–15 Minuten stehen lassen. Vor dem Servieren mit Salz und Pfeffer abschmecken.

# ISEMARKT, HAMBURG

Der Isemarkt ist einen Kilometer lang und damit der längste Freiluftmarkt in Europa (wenn auch nicht der größte).

WO: Harvestehude, Isestraße 1-73

SEIT WANN: 1949, Hamburg lag damals nach dem Krieg noch in Trümmern.

ÖFFNUNGSZEITEN: Dienstag und Freitag, 8.30-14 Uhr

Aussehen: lange Reihen von Ständen unter dem Viadukt der Hochbahn (absolut regensicher!)

## Heißer Tipp:

Das rote Wägelchen des Messerschleifers Macky Messer (nach der Figur aus der „Dreigroschenoper"). Man kann ihm beim Schleifen zusehen!

## Mal probieren:

MEIN LIEBLINGSSTAND IST BONBON-PINGEL. DA GIBT ES LOCKER HUNDERT SORTEN BONBONS UND PLÄTZCHEN. ICH MAG AM LIEBSTEN SAURE STÄBCHEN UND BÄRENTATZEN.

Noah M., 8 Jahre

## Für die Eltern:

Unbedingt Krabbenbrötchen probieren. Die Garnelen werden in der Nordsee gefangen und kommen über die Elbe nach Hamburg.

# VIKTUALIENMARKT, MÜNCHEN

Ältester und berühmtester Markt Münchens. „Viktualien“ bedeutet schlicht „Lebensmittel“, das Wort ist abgeleitet vom lateinischen „victus“.

WO: Viktualienmarkt 3

SEIT WANN: 1807 auf Geheiß des bayerischen Königs Maximilian I.

ÖFFNUNGSZEITEN: Montag bis Samstag, 8-20 Uhr (einige Stände haben eigene Öffnungszeiten).

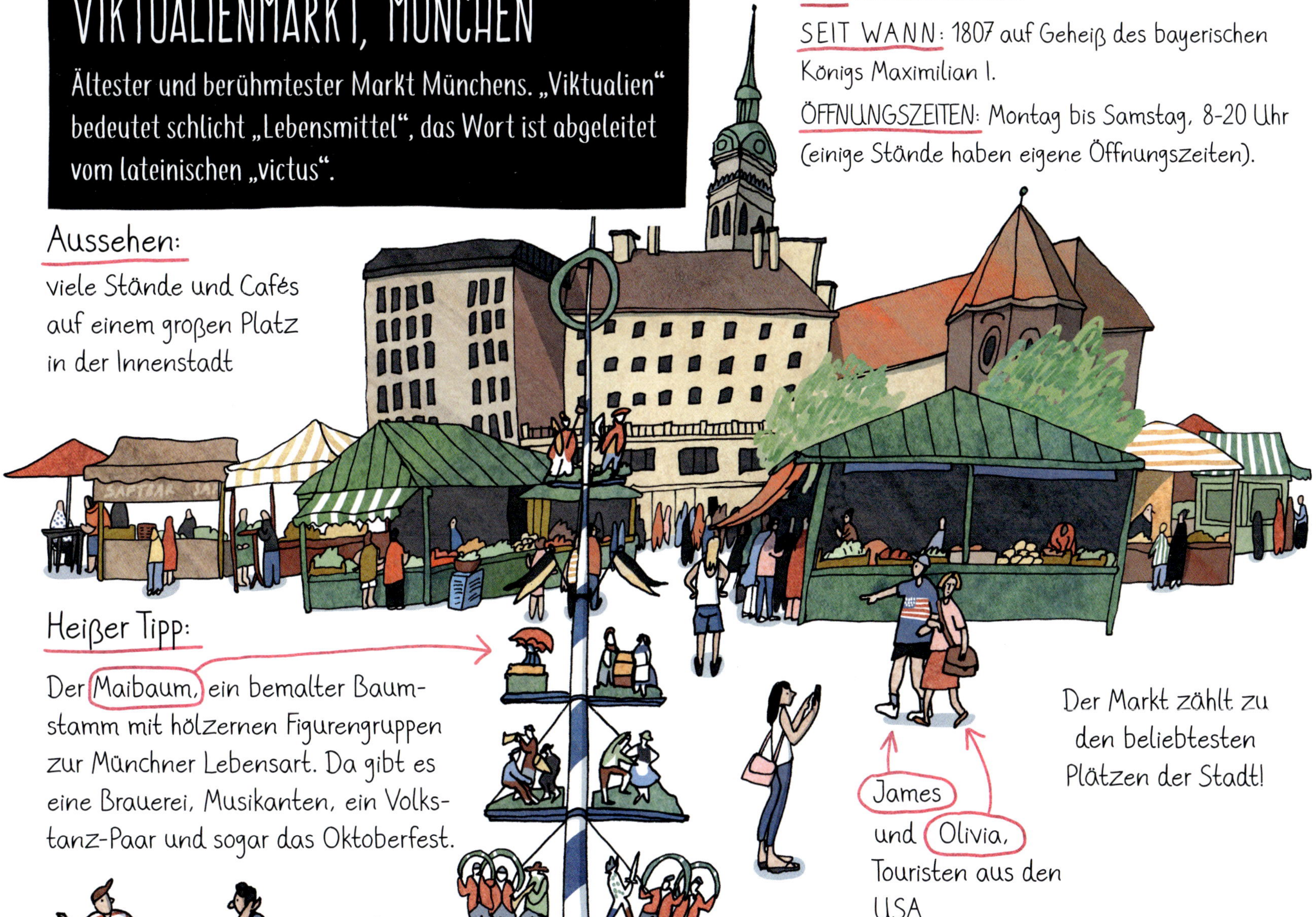


## Aussehen:

viele Stände und Cafés auf einem großen Platz in der Innenstadt

## Heißer Tipp:

Der Maibaum, ein bemalter Baumstamm mit hölzernen Figurengruppen zur Münchner Lebensart. Da gibt es eine Brauerei, Musikanten, ein Volkstanz-Paar und sogar das Oktoberfest.

James und Olivia, Touristen aus den USA

Der Markt zählt zu den beliebtesten Plätzen der Stadt!

## Mal probieren:

Brezn bei Karnoll's Back- und Kaffeestandl. Diesen Stand gibt es seit 1974 (er ist vielleicht älter als eure Eltern). Angeblich gibt es hier die besten Brezn in ganz München.

## Für die Eltern:

ein Bier im Biergarten mitten auf dem Marktplatz

# ISEMARKT, HAMBURG

Findest du hier

- 3 Brezeln?
- 1 Katze und 1 Hund?
- Noah M.?

HERBERT MEYNS
Gartenbau
HANSA

# AUGUST
# RUSSLAND

In Russland sind Samstag und Sonntag die Haupteinkaufstage, obwohl die meisten Märkte täglich geöffnet sind (wenn es doch einen Ruhetag gibt, dann meistens den Montag). Die Jüngeren kaufen eher im Supermarkt ein, auf den Märkten trifft man vor allem die ältere Generation. Sie findet, dass die Lebensmittel dort mehr Geschmack haben und gesünder sind. Finden wir auch!

## Kartoffeln

Als die Kartoffel nach Russland kam, fürchteten sich die Leute vor der unbekannten Knolle und wollten sie nicht anbauen. Es gab sogar regelrechte Kartoffelaufstände! Aber dann freundete man sich doch noch mit ihr an. Heute gibt es auf jedem Markt mehrere Sorten – manche schmecken besser gekocht, andere als Brat- oder Breikartoffeln.

## Wie geht man auf den Markt?

Russische Babuschkas bevorzugen praktische Trolleys in dunklen Farben. Etwas jüngere Frauen und Männer nehmen Plastiktüten.

Der kleinste Schein: 50 Rubel

Was du dafür kriegst:

2 Krautpiroggen

## Russisch für den Markt

Dóbri djen - Guten Tag
Spassíba - Danke
Skólka éta sto-it? - Wie viel kostet das?
Kto passlédni? - Wer ist der Letzte (in der Schlange)?
Pras-títje - Entschuldigung
Das-tátatschna - Das reicht.

## Die beliebtesten Waren

Tworog - ein Quark irgendwo zwischen Crème fraîche und Hüttenkäse

Sémetschki - geröstete Sonnenblumenkerne, eine beliebte Knabberei

Kartoffeln
Sauerrahm
Möhren
Dill
Petersilie
Kohl
Zwiebeln
Schwein
Huhn
Gurken
Tomaten
Süßwasserfisch

## Was kochen?

# Dónskaja uchá

(Eine traditionelle Fischsuppe vom Don)

3,5 l Wasser

6 Barsche oder Karpfen

2 mittelgroße Zander

1 Möhre

2 Zwiebeln

2 Lorbeerblätter

5 Körner schwarzer Pfeffer

5 Körner Piment

Salz und Pfeffer zum Abschmecken

1 Bund Dill (oder Petersilie)

6 Kartoffeln

5 Tomaten

**1** Die Zander filetieren, sorgsam alle Gräten entfernen. Filets beiseitelegen.

**2** Kopf und Schwanz der Zander mit den Barschen (oder Karpfen) und den Zwiebeln in kaltes Wasser legen. Aufkochen, dann bei geringer Hitze etwa 1 Stunde köcheln lassen. Derweil die Möhre schälen, Möhre und Tomaten schneiden. Zanderfilets in 5 cm breite Stücke zerteilen.

**3** Die Bouillon vorsichtig durch ein feines Sieb in einen Topf gießen. Erneut aufkochen, Hitze verringern und Kartoffeln hineingeben. 5 Minuten später Möhre, Lorbeerblatt und Gewürze zugeben, weitere 10 Minuten später die Zanderfilets und die Tomaten. Weitere 10 Minuten köcheln lassen, dann vom Herd nehmen, mit gehacktem Dill bestreuen und bei geschlossenem Deckel vor dem Servieren 10–15 Minuten durchziehen lassen.

# Центральный рынок Ростова-на-Дону / ZENTRALMARKT ROSTOW AM DON, RUSSLAND

Rostow am Don ist die bedeutendste Stadt im Süden Russlands. Sie liegt im fruchtbarsten Teil des Landes, deshalb hat der Zentralmarkt immer eine Fülle an unterschiedlichstem Fisch, Fleisch, Obst und Gemüse zu bieten. Vielen gilt Rostow am Don als das kulinarische Zentrum Russlands.

WO: am rechten Ufer des Don

SEIT WANN: 1886, aber auch schon vor dem Bau des Marktgebäudes wurden hier Lebensmittel verkauft.

ÖFFNUNGSZEITEN: Montag 8-16 Uhr, Dienstag bis Sonntag 8-18 Uhr

Aussehen: mehrere Einzelgebäude für Fleisch, Obst, Gemüse usw. und dazwischen jede Menge Stände

Heißer Tipp:

Kartoffelsorten ohne Ende. Wie viele könnt ihr entdecken?

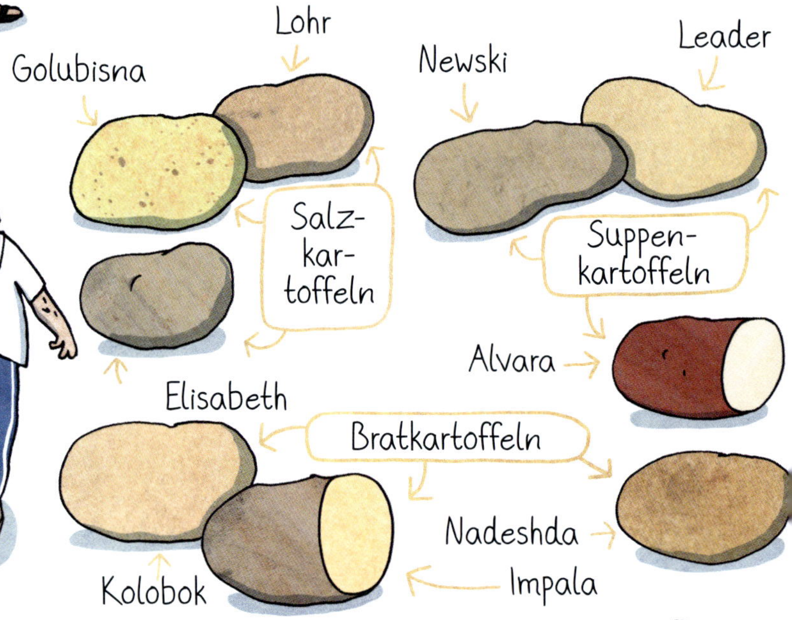


Für die Eltern:

Öl aus gerösteten Sonnenblumenkernen. Das riecht gut und passt zu gekochten Kartoffeln oder Salat. Interessant sind auch die eingesalzenen Wassermelonen, die sind im Süden Russlands sehr beliebt.

Mal probieren:

ICH KNABBER GERNE MAISKOLBEN. MIT SALZ BESTREUT SCHMECKEN SIE AM ALLERBESTEN.

Petja S., 8 Jahre

# Селенские исады / SELENSKIJE ISSADY, ASTRACHAN

Der bekannteste Fischmarkt Astrachans. Diese Stadt an der Wolga ist berühmt für ihren Fisch.

WO: auf dem Pokrowskaja-Platz unweit des Wolgaufers

SEIT WANN: 2014. Das Marktgebäude ist noch ganz neu, Fisch wurde an diesem Ort aber schon vor über 100 Jahren verkauft.

ÖFFNUNGSZEITEN: täglich 6–18 Uhr

**Aussehen:** ein langer roter Ziegelbau mit vielen Fischständen

**Heißer Tipp:** Die lustigen Sprüche, mit denen die Fischhändlerinnen um Kundschaft werben, wie „Der Fisch ist teuer, weil er mit teuren Würmern gefangen wurde" oder „Glück kann man nicht kaufen, Wobla schon". Und die vielen Katzen, die hier unterwegs sind!

**Für die Eltern:** Geräucherter Stör. Der ist eine echte Delikatesse (und ein Symbol für Astrachan). Und natürlich Wobla.

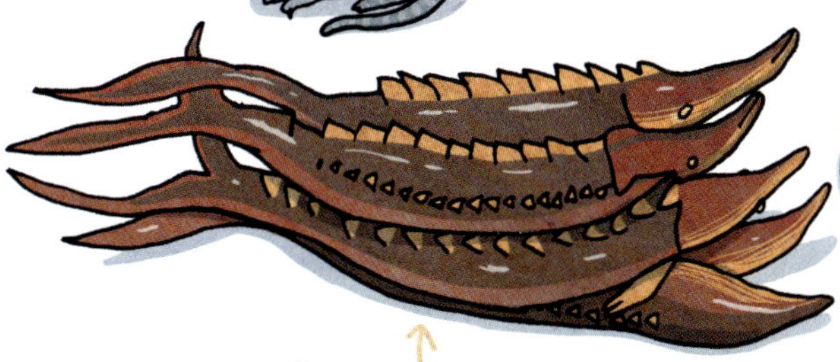

Dieser Fisch wird eingesalzen und dann an der Luft getrocknet. In Russland nennt man heute Dörrfisch Wobla, auch wenn es eigentlich Plötzen oder Barsche sind.

**Mal probieren:** Wenn du keinen Fisch magst, hast du hier schlechte Karten. Aber du kannst dir einen kleinen Porzellanstör als Andenken kaufen, die sind echt süß!

# ZENTRALMARKT ROSTOW AM DON

Findest du hier
- 5 Katzen?
- 5 Fische?
- Petja S.?

PREMIUM
STAR WARS
STAR WARS

# SEPTEMBER CHINA

In China sind Märkte immer noch sehr beliebt, aber sie haben sich im Laufe der Zeit verändert. Noch vor 30 bis 40 Jahren gab es vor allem Freiluftmärkte, heute befinden sie sich in geschlossenen Räumen.

Iss was! Wer hungrig zum Markt geht, kauft zu viel ein.

## Wie geht man auf den Markt?

Mit Einkaufstrolley. Die werden wohl überall gern genommen.

## Lebensmittel, die aus China um die Welt gingen:

Nudeln: 2005 fanden Archäologen in China die älteste Schüssel Nudeln. Sie war 4000 Jahre alt!

Tee: Man kannte ihn schon im Alten China, die ersten Europäer tranken ihn im 16. Jahrhundert.

Tofu, Miso und Sojasauce

## Chinesisch für den Markt

Nǐ hǎo - Guten Tag
Xiè xie - Danke
Zàijiàn - Auf Wiedersehen
Duō shao? - Wie viel?
Shì - Ja
Bù shì - Nein

## Der kleinste Schein: 1 Yuan

Was du dafür kriegst:

1 Salatkopf

## Was kochen?

# Kai-lan mit Pilzen

Kai-lan heißt auch Chinesischer Brokkoli, er kann durch gewöhnlichen Brokkoli ersetzt werden.

**1** Knoblauch und Ingwer schälen, Ingwer in feine Scheibchen schneiden, Knoblauch pressen. Pilze schneiden. Brokkoli schneiden, Röschen und Stiele getrennt. Festere Stiele evtl. etwas schälen.

- 250 g Pilze (Champignons oder Shiitake)
- 2 Knoblauchzehen
- 1 Stück Ingwer (daumengroß)
- 1 TL Speisestärke
- 450 g Kai-lan oder Brokkoli
- 1 EL Mirin (Reiswein zum Kochen)
- 2 EL Pflanzenöl
- 2 EL Sojasauce
- 1 TL Sesamöl

**2** Wok oder große Pfanne mit dem Pflanzenöl erhitzen. Ingwer und Knoblauch hineingeben, ca. 30 Sekunden unter Rühren und Schütteln scharf anbraten. Pilze zugeben und weitere 2 Minuten braten. Brokkoli, Sojasauce und Mirin zugeben, weitere 2–3 Minuten unter beständigem Rühren braten.

**3** Stärke mit 2 EL Wasser anrühren und in die Pfanne geben. Gut verrühren, weitere 30 Sekunden garen lassen und vom Herd nehmen. Mit Reis servieren, mit Sesamöl beträufeln.

# 玉林综合市场
# YULIN-MARKT, CHENGDU

Einer der bekanntesten Märkte in Chengdu, der Hauptstadt der Provinz Sichuan

WO: in Yulin, einem Viertel im Südwesten von Chengdu. Adresse: 12 Yulin W St.

SEIT WANN: 1980er-Jahre, damals war Yulin das modernste Viertel der Stadt.

ÖFFNUNGSZEITEN: täglich 4–20 Uhr

Aussehen: Ein zweistöckiges Gebäude. Im Erdgeschoss gibt es Streetfood, Obst und Gewürze, im Obergeschoss Fleisch, Gemüse und Sojaerzeugnisse.

Für die Eltern: Echter Sichuanpfeffer, das wichtigste Gewürz der Sichuanküche. Du kannst deinen Eltern erklären, dass er weder mit dem schwarzen Pfeffer noch mit Chili verwandt ist, sondern mit den Zitruspflanzen!

Heißer Tipp:

Die Stände der Nudelhändler. Sie stellen vor Ort frische Nudeln her, da könnte man stundenlang zusehen!

Mal probieren:

ICH ESS AUF DEM MARKT AM LIEBSTEN TANG YOU GUO ZI. DAS SIND FRITTIERTE SÜSSE REISBÄLLCHEN MIT KARAMELLKRUSTE UND SESAM.

Mei C., 9 Jahre

Die Sichuanküche zählt zu den bekanntesten chinesischen Regionalküchen. Viele ihrer Gerichte sind weltweit verbreitet und beliebt, zum Beispiel scharf-süße Suppen, Kung-Pao-Hühnchen oder Feuertopf (Hot Pot).

# 盛福小关市场 / MORGENMARKT SHENGFU XIAOGUAN, PEKING

Für chinesische Verhältnisse kleiner, aber sehr beliebter Stadtteilmarkt

WO: wenige Fußminuten von einem Park mit dem romantischen Namen „Garten der Harmonie und des Vergnügens" (Xiang He Yuan-Park) entfernt.

SEIT WANN: 1980er-Jahre

ÖFFNUNGSZEITEN: täglich 6-14 Uhr (je früher, desto besser)

Aussehen: riesige Lagerhalle, umgeben von Streetfood-Ständen

Heißer Tipp: Exotische Gemüse mit sonderbaren Formen. Schaut euch nach chinesischen Yamswurzeln um – die sehen aus wie lange Stöcke!

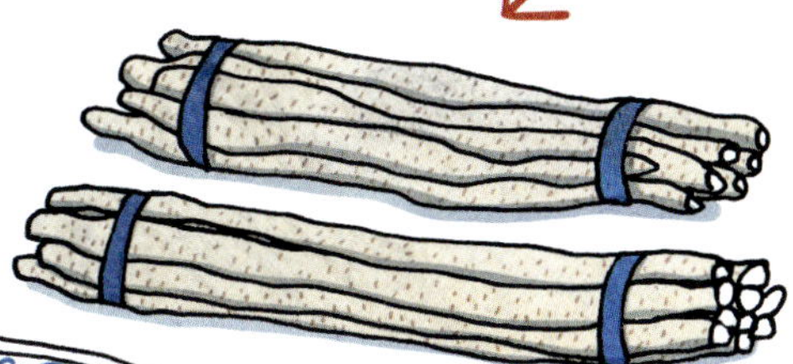

Reis aus China

Für die Eltern:

Reis! In China gibt es über 20 verschiedene Reissorten.

Klebreis

Japonica-Reis

Indica-Reis

Jasminreis

Basmatireis

Mal probieren: Wenn ihr Hunger kriegt, kauft euch Shanxi Dao Xiao Mian („mit dem Messer geschnittene Nudeln"). Dieses traditionelle Gericht aus der Provinz Shanxi wird an einem der Stände außerhalb der Halle angeboten.

## YULIN-MARKT

Findest du hier
- 3 Einkaufstrolleys?
- Chinesische Yamswurzeln?
- Mei C.?

春卷 茄饼
凉皮

# OKTOBER UNGARN

Das ungarische Wort für Sonntag, vasárnap, heißt wörtlich übersetzt „Einkaufstag". Ursprünglich war also der Sonntag der Markttag. Heute geht man in Ungarn vor allem freitags und samstags auf den Markt. In kleineren Städten finden Märkte nur an diesen Tagen statt.

## Die beliebtesten Waren

## Wie geht man auf den Markt?

Mit Korb! Natürlich sieht man auch viele Einkaufstaschen oder Trolleys, aber traditionell wird mit dem Korb eingekauft. Und in Ungarn wird die Tradition gerne hochgehalten. Auch Kinder haben ihre eigenen Körbchen!

## Ungarisch für den Markt

Jó reggelt / napot / estét - Guten Morgen / Tag / Abend
Köszönöm - Danke
Mennyibe kerül? - Wie viel kostet das?
Csak nézelődöm - Ich schaue nur.
Szeretnék egy ... - Ich hätte gern ...

## Der kleinste Schein: 500 Forint

Was du dafür kriegst: 1 Liter Milch und ein Schokolädchen

## Wie viel wiegt das?

Im Alltag rechnen die meisten Ungarn mit Dekagramm (1 Dekagramm = 10 Gramm), abgekürzt: deka. Wenn du z. B. 300 Gramm Käse kaufen willst, bittest du um harminc deka (also 30 Dekagramm).

JEDES ZWEITE UNGARISCHE REZEPT (SÜSSSPEISEN AUSGENOMMEN) BEGINNT MIT DEM ANBRATEN VON ZWIEBELN, KNOBLAUCH UND PAPRIKA. SO RIECHT UND SCHMECKT UNGARN.

## Was kochen?

# Kartoffelpaprikasch

Statt Wurst gehen auch Würstchen, Fleischbällchen oder Hühnchen. Aber auch ein vegetarisches Paprikasch schmeckt köstlich!

1. Kartoffeln schälen und würfeln.
2. Zwiebel fein würfeln und in Öl goldbraun anbraten.
3. Hitze verringern, gepressten Knoblauch, Paprikapulver und Wurststückchen zugeben. 30 Sekunden unter ständigem Rühren anbraten.
4. Kartoffeln zugeben, rühren und mit wenig Wasser aufgießen (die Kartoffeln sollen nicht ganz bedeckt sein). Salzen, bei geschlossenem Deckel und geringer Hitze köcheln lassen, bis die Kartoffeln gar sind.
5. Mit fein gehackter Petersilie bestreut servieren.

# KÖZPONTI VÁSÁRCSARNOK / GROSSE MARKTHALLE, BUDAPEST

**Der größte, schönste und bekannteste Markt Ungarns**

WO: am Donauufer bei der Freiheitsbrücke (Vámház körút 1-3)

SEIT WANN: 1897. Damals herrschte in Großbritannien Königin Victoria, Paris hatte noch keine Metro und die Freiheitsstatue in New York war eine neue Sehenswürdigkeit.

ÖFFNUNGSZEITEN: Montag 6-17 Uhr, Dienstag bis Freitag 6-18 Uhr, Samstag 6-15 Uhr

Aussehen: Ein großes schönes Gebäude, das Dach ist mit bunten Ziegeln gedeckt. Die sind aus Pyrogranit, einer Erfindung der Porzellanmanufaktur Zsolnay in der Stadt Pécs.

Ágnes Fekete ist 72. Sie kauft seit 30 Jahren in der Markthalle ein.

Péter Kiš wohnt um die Ecke.

Bei Li, Tourist aus China

Mal probieren:

Lángos

ICH MAG LÁNGOS AM ALLERLIEBSTEN. MAN MACHT AUS TEIG EINEN FLADEN, FRITTIERT DEN IN ÖL, BESTREICHT IHN MIT SAUERRAHM UND STREUT DANN REIBEKÄSE DRÜBER. UND ISST IHN HEISS.

Tanya N., 7 Jahre

Heißer Tipp:

Die Verkäufer von Eingemachtem zaubern lustige Gemüsegesichter in ihre Gläser.

Für die Eltern:

Gänseleber oder Foie gras in der Fleischabteilung (auf Ungarisch: libamáj). Das ist eine weltberühmte Delikatesse!

# SZIMPLA HÁZTÁJI PIAC / SZIMPLA INNENHOF-MARKT, BUDAPEST

**Der jüngste, angesagteste und ungewöhnlichste Markt in Budapest**

WO: in den Räumlichkeiten der Ruinenbar „Szimpla" im Jüdischen Viertel von Budapest

SEIT WANN: 2014. Warst du da schon auf der Welt?

ÖFFNUNGSZEITEN: Sonntag 9-14 Uhr

**Aussehen:** von außen ein gewöhnlicher, etwas heruntergekommener Budapester Altbau mit Balkon

Dafür wartet drinnen eine Überraschung: ein Labyrinth aus Räumen, Sälen und verrückten Winkeln. Jeder ist ganz eigen und besonders gestaltet. Vor Jahren sollte das Haus abgerissen werden, weil es schon lange leerstand und verfiel. Aber dann eröffnete dort eine Bar, die inzwischen international bekannt ist. „Ruinenbar" heißt sie, weil das Haus vorher nicht saniert wurde und die Einrichtung vom Sperrmüll stammt.

**Heißer Tipp:** das Tischchen in einem bunten Trabi und das Badewannensofa

Die Zwillinge István und Gábor sitzen gern am Trabi-Tisch.

Tante Edith verkauft das Gemüse ihres Sohnes.

**Mal probieren:** Hausmannskost (meist vegetarisch) von gemeinnützigen Organisationen. Das Geld wird für eine gute Sache gespendet, z. B. für ein Hunde-und-Katzen-Asyl.

**Für die Eltern:** Neben Obst und Gemüse gibt es hausgemachte Marmeladen und Sirups. Und Trüffeln aus ungarischen Buchenwäldern.

# GROSSE MARKTHALLE, BUDAPEST

Findest du hier
- 5 Weidenkörbe?
- 2 Wirsingköpfe?
- Tanya N.?

goS
LángoS
Konyha
Hurka
Kolbász
Rántott hal
SÖR KÁVÉ ÜDÍTŐ
PALACSINTA
METTY
Aszaltgyümölcsök
es Olajosmagvak
UJJAÉPULT: 1991-94
PAPRIKA
KNOBLAUCH
GÄNSELEBER
Coca Cola
Tourist informaition
BUDAPEST CARD

# NOVEMBER MAROKKO

Ein Leben ohne Markt ist in Marokko undenkbar. Der Markt bildet das Zentrum jeder Stadt. Oft kann man schon an der Bezeichnung des Marktes (arabisch: souk) den Markttag ablesen: Souk el Had - Sonntag, Souk el Tnine - Montag, Souk el Tleta - Dienstag, Souk el Arba - Mittwoch, Souk el Khamees - Donnerstag, Souk el Sebt - Samstag. Freitags findet in der Regel kein Markt statt, der Tag ist dem Gebet vorbehalten.

## Der kleinste Schein: 20 Dirham

Was du dafür kriegst:

1 Teller Harira (eine Suppe mit Linsen, Tomaten und Fleisch)

## Wie geht man auf den Markt?

Mit einer großen Flechttasche mit langen Lederriemen, wie in Frankreich. Marokko war für längere Zeit französisches Protektorat, die Kulturen beider Länder haben sich wechselseitig beeinflusst. Wo die Taschen erfunden wurden, lässt sich nicht mehr klären.

## Arabisch für den Markt

Salam - Guten Tag
Beslama - Auf Wiedersehen
Shokran - Danke
N'aam - Ja
La - Nein
Bgheet ... - Ich hätte gern ...
Smehlia - Entschuldigung

Was kochen?

# Tajine mit Fleisch und Kartoffeln

Tajine heißt das traditionelle marokkanische Tongefäß mit dem kegelförmigen Deckel. Auch ein darin gekochtes Gericht wird Tajine genannt.

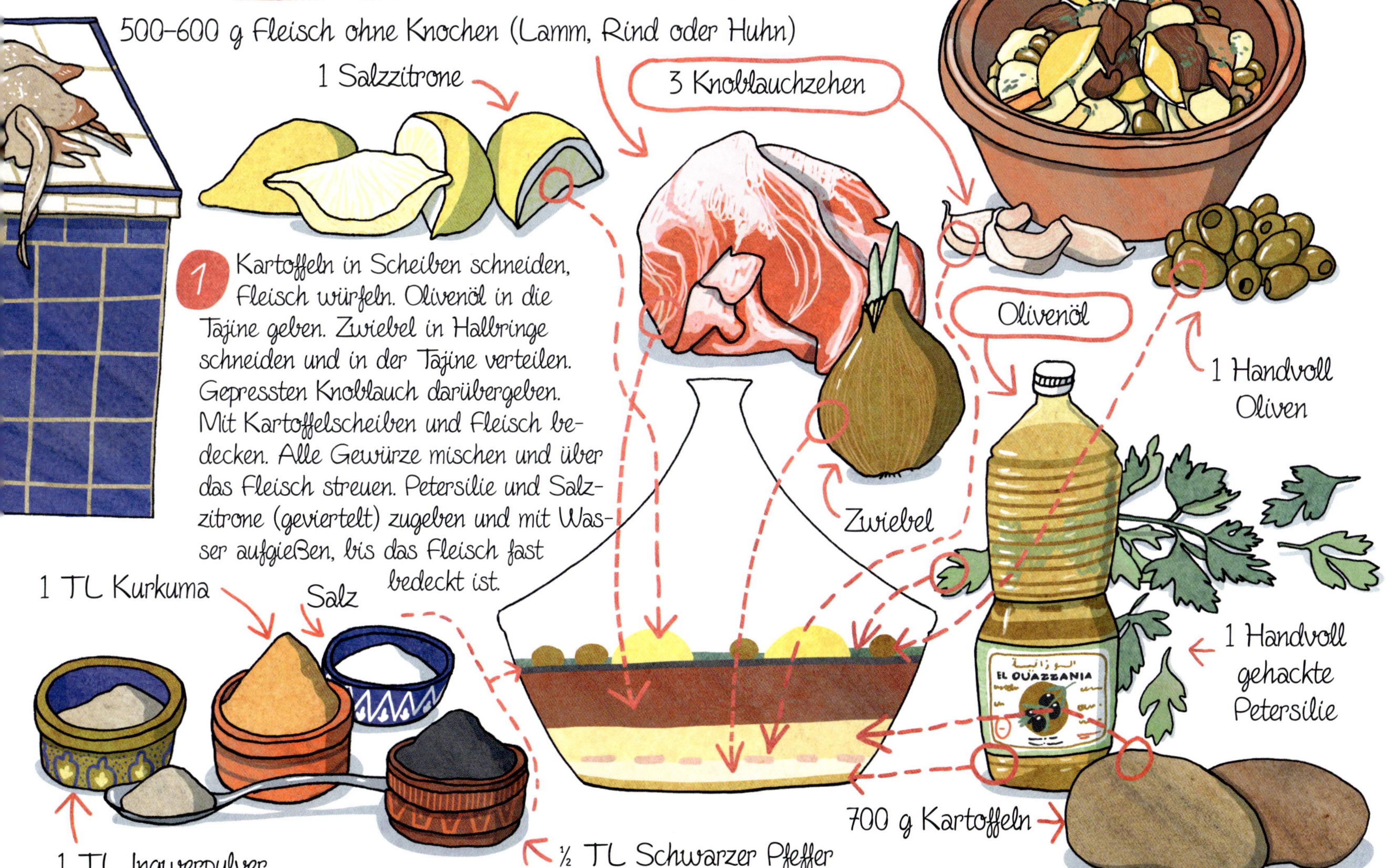


1 Kartoffeln in Scheiben schneiden, Fleisch würfeln. Olivenöl in die Tajine geben. Zwiebel in Halbringe schneiden und in der Tajine verteilen. Gepressten Knoblauch darübergeben. Mit Kartoffelscheiben und Fleisch bedecken. Alle Gewürze mischen und über das Fleisch streuen. Petersilie und Salzzitrone (geviertelt) zugeben und mit Wasser aufgießen, bis das Fleisch fast bedeckt ist.

TIPP: WER KEINE TAJINE HAT, KANN AUCH EINEN RÖMERTOPF ODER EINE AUFLAUFFORM NEHMEN. DANN SOLLTEN FLEISCH, ZWIEBELN, KNOBLAUCH UND GEWÜRZE ALLERDINGS VORHER ANGEBRATEN WERDEN.

2 Deckel auflegen, Tajine auf den Herd oder in den Ofen stellen und zum Kochen bringen. Dann bei geringster Hitze 1,5–3 Stunden schmoren lassen. Die Schmordauer hängt vom verwendeten Fleisch ab, es sollte sehr mürbe sein. Huhn geht am schnellsten.

# ساحة جامع الفناء / DJEMAA-EL-FNA-MARKT, MARRAKESCH

Wie man sich einen orientalischen Markt vorstellt: trubelig, laut, voll aromatischer Gerüche.

WO: auf dem größten Platz von Marrakesch

SEIT WANN: Irgendwann im Mittelalter. Wahrscheinlich blühte hier der Handel seit Anbeginn der Stadt.

ÖFFNUNGSZEITEN: täglich von frühmorgens, bis tief in die Nacht (aber freitags bleiben viele Stände geschlossen)

Aussehen: Ein riesiges, wuseliges Labyrinth, in dem man sich leicht verirrt. Eigentlich sind es sogar mehrere Märkte, die alle auf diesem Platz stattfinden.

Neben Lebensmitteln gibt es auch Gewürze und sogar Souvenirs wie Teppiche und Lederwaren.

Heißer Tipp: Abends wird live Berbermusik gespielt. Ein großes Vergnügen!

Mal probieren:

Für die Eltern: Unbedingt feilschen, das verlangt die Tradition! Und wer ein Glas Minztee angeboten bekommt, darf auf keinen Fall ablehnen.

# سوق السمك، / FISCHMARKT, ESSAOUIRA

Essaouira liegt an der Küste, die ganze Stadt lebt vom Fischfang. Hafen und Fischmarkt sind also die wichtigsten Orte.

WO: in den Gassen der Medina, der Altstadt
SEIT WANN: Mitte des 19. Jahrhunderts
ÖFFNUNGSZEITEN: täglich 8-20 Uhr

Aussehen: Ein eher kleiner weiß-blauer Saal mit Säulen. Außer Fisch gibt es auch noch Gewürze.

Für die Eltern: Die Einkäufe gleich aufessen. In den kleinen Marktrestaurants kann man seinen Fisch für kleines Geld entschuppen und zubereiten lassen.

Heißer Tipp: Haie. Augen auf, die werden nur selten gefangen!

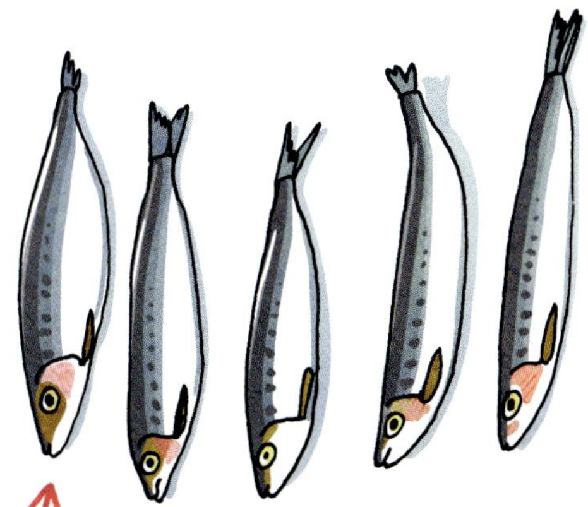

Mal probieren: Sardinen! Erstens ist Marokko berühmt dafür, zweitens schmecken sie frisch ganz anders als aus der Dose.

# DJEMAA-EL-FNA-MARKT, MARRAKESCH

Findest du hier
- 2 Musiker?
- 1 Schlange, 1 Affen?
- Mohammed A.?

# DEZEMBER
# GROSSBRITANNIEN

Wie in vielen anderen Ländern ist die Tradition des Markteinkaufs in Großbritannien im 20. Jahrhundert beinahe ausgestorben. Zum Glück kamen Märkte in den 1990er-Jahren wieder in Mode, heute gibt es im ganzen Land über tausend. Markttag ist meist der Samstag.

Mitte November kommen Stände mit Weihnachtsschmuck dazu. Da bekommt man alles für den Adventskranz!

## Wie geht man auf den Markt?

Mit einem praktischen Leinenbeutel. Manche Märkte verkaufen ihre eigenen.

## Einkaufsliste fürs Weihnachtsessen

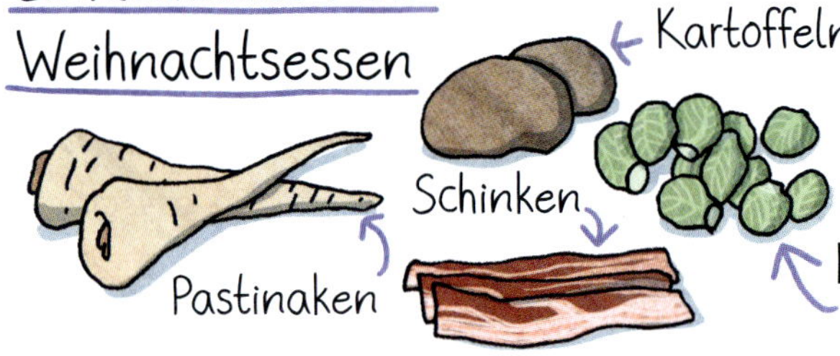

Der hausgemachte Christmas Pudding wird schon einen Monat vor Weihnachten zubereitet.

## Was backen?

# Bread and Butter Pudding

1 Alle Brotscheiben mit Butter bestreichen und vierteln. Auflaufform fetten und mit einer Schicht Toastbrot auslegen. Gleichmäßig mit der Hälfte der Korinthen bestreuen, eine weitere Brotschicht aufbringen und mit den restlichen Korinthen bestreuen.

2 Eier und Zucker verquirlen, Milch, Sahne und Zimt zugeben. Die Masse über das Brot gießen, mit Frischhaltefolie abdecken und für mindestens 1 Stunde (besser über Nacht) im Kühlschrank ruhen lassen.

3 Mit Zucker bestreuen. Bei 180 °C etwa 1 Stunde backen, bis sich eine goldene Kruste bildet.

# BOROUGH-MARKT, LONDON

Einer der ältesten und größten Londoner Lebensmittelmärkte

WO: an der London Bridge, 8 Southwark Street

SEIT WANN: 12. Jahrhundert, er ist also fast tausend Jahre alt! Das heutige Gebäude stammt aus den 1850er-Jahren.

ÖFFNUNGSZEITEN: Montag bis Donnerstag 10–17 Uhr, Freitag 10–18 Uhr, Samstag 8–15 Uhr. Sonntags geschlossen, außer in der Vorweihnachtszeit im Dezember!

## Aussehen:

eine geräumige Halle mit grünen gusseisernen Säulen und einer luftigen Dachkonstruktion

Tom arbeitet hier um die Ecke.

## Heißer Tipp:

Die Marktglocke. Sie hängt in der Middle Road des Marktes. Früher läutete ein Büttel sie zweimal täglich zu Beginn und Ende des Markttages.

## Mal probieren:

MEINE ELTERN GEHEN OFT INS APPLEBEE'S FISH RESTAURANT HIER AUF DEM MARKT. SIE ESSEN GERNE MEERESFRÜCHTE. ICH HOL MIR DA FISH AND CHIPS. LECKER!

Alice T., 9 Jahre

## Für die Eltern:

Backen lernen. Eine der Bäckereien auf dem Markt, die Bread Ahead Bakery, bietet Backkurse an.

# ÜBERDACHTER MARKT, OXFORD

Einer der ältesten überdachten Märkte Großbritanniens, seit fast 250 Jahren an diesem Ort

WO: in einer Straße mit dem sprechenden Namen Market Street

SEIT WANN: 1. November 1774

ÖFFNUNGSZEITEN: Montag bis Samstag 8-17.30 Uhr, Sonntag 10-17 Uhr

## Aussehen:

heller Innenraum mit roter Decke und weißem Dachgebälk

## Heißer Tipp:

Die gigantischen Papierlaternen nach Figuren aus „Alice im Wunderland". Lewis Carroll schrieb die Geschichte hier in Oxford.

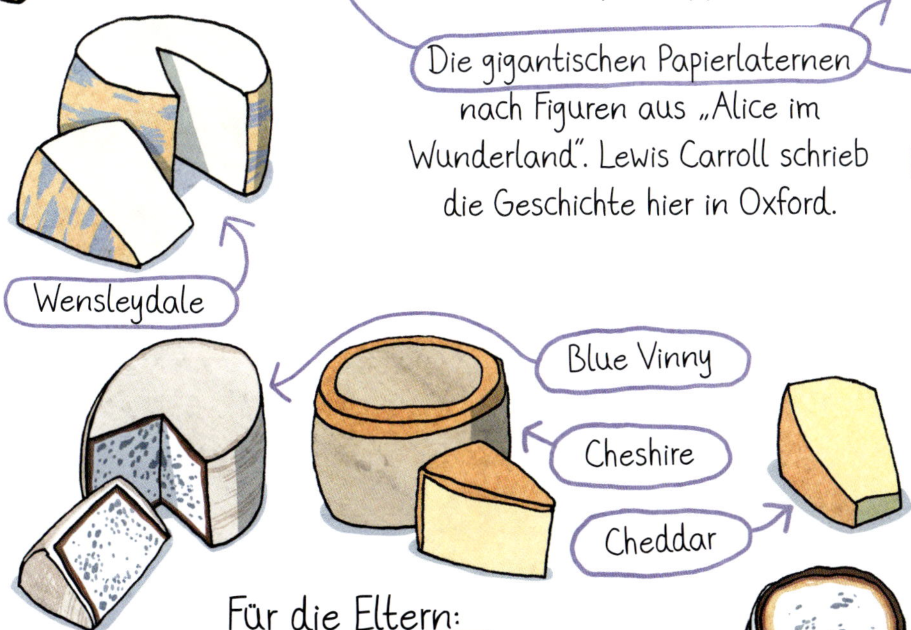


## Für die Eltern:

Britische Käsesorten am Stand der Oxford Cheese Company erkunden.

## Mal probieren:

Kekse bei Ben's Cookies. Da gibt es das leckerste Gebäck der Stadt (oder sogar des Landes, behaupten einige hier).

## BOROUGH-MARKT, LONDON

Findest du hier
- 5 Weihnachtsmänner?
- die Marktglocke?
- Alice T.?

Furness Fish Markets
Bomba Paella...
Wild Highland ~Venison~ Burgers
Inshore Day Boat ~Fresh Fish~
Poultry & Game
Furness Food Hut
Scottish Highland Venison Burgers
Hot dog...
Shetlands Salt & Pepper Chilli Squid
OYSTER BAR

# WELTMARKTKARTE

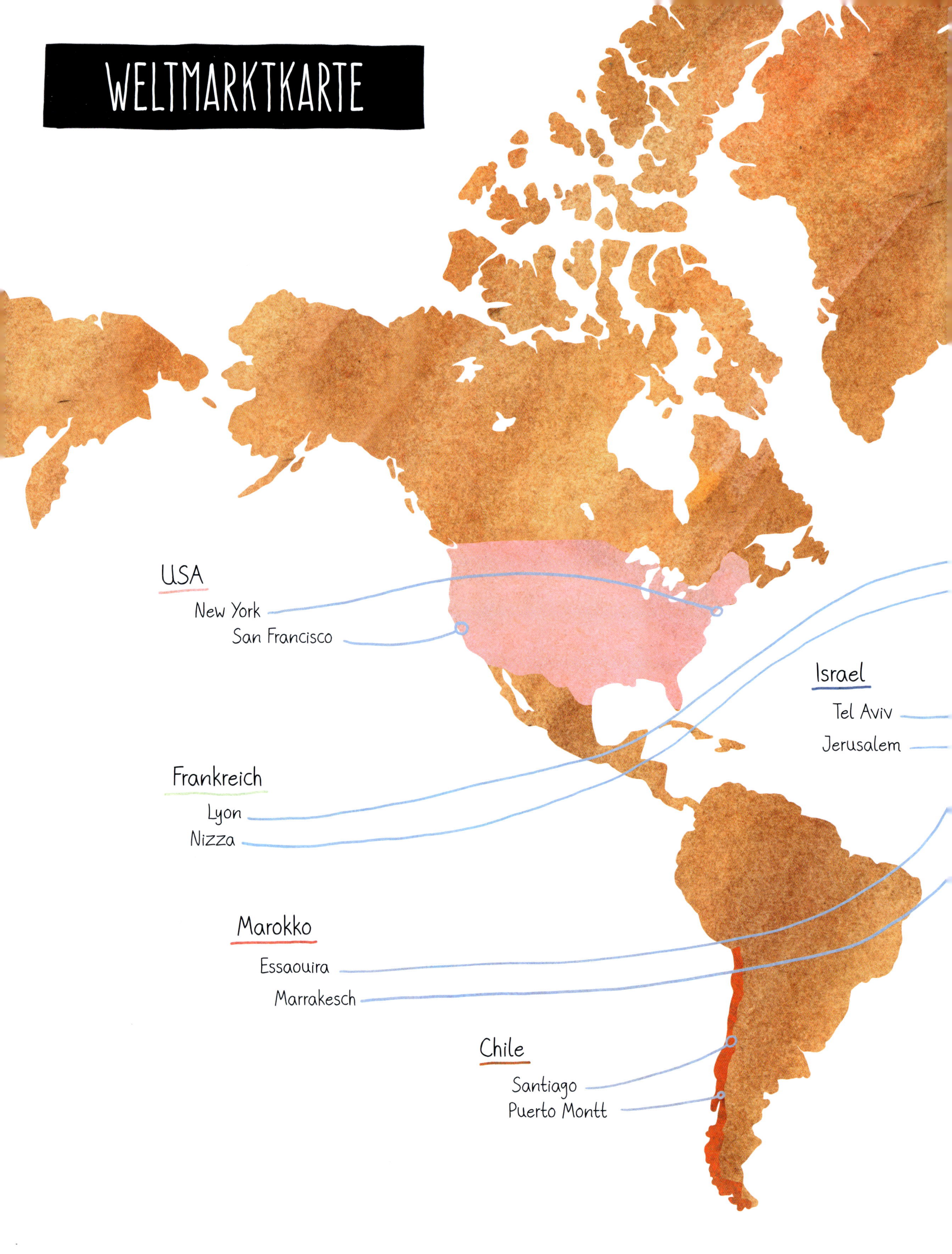

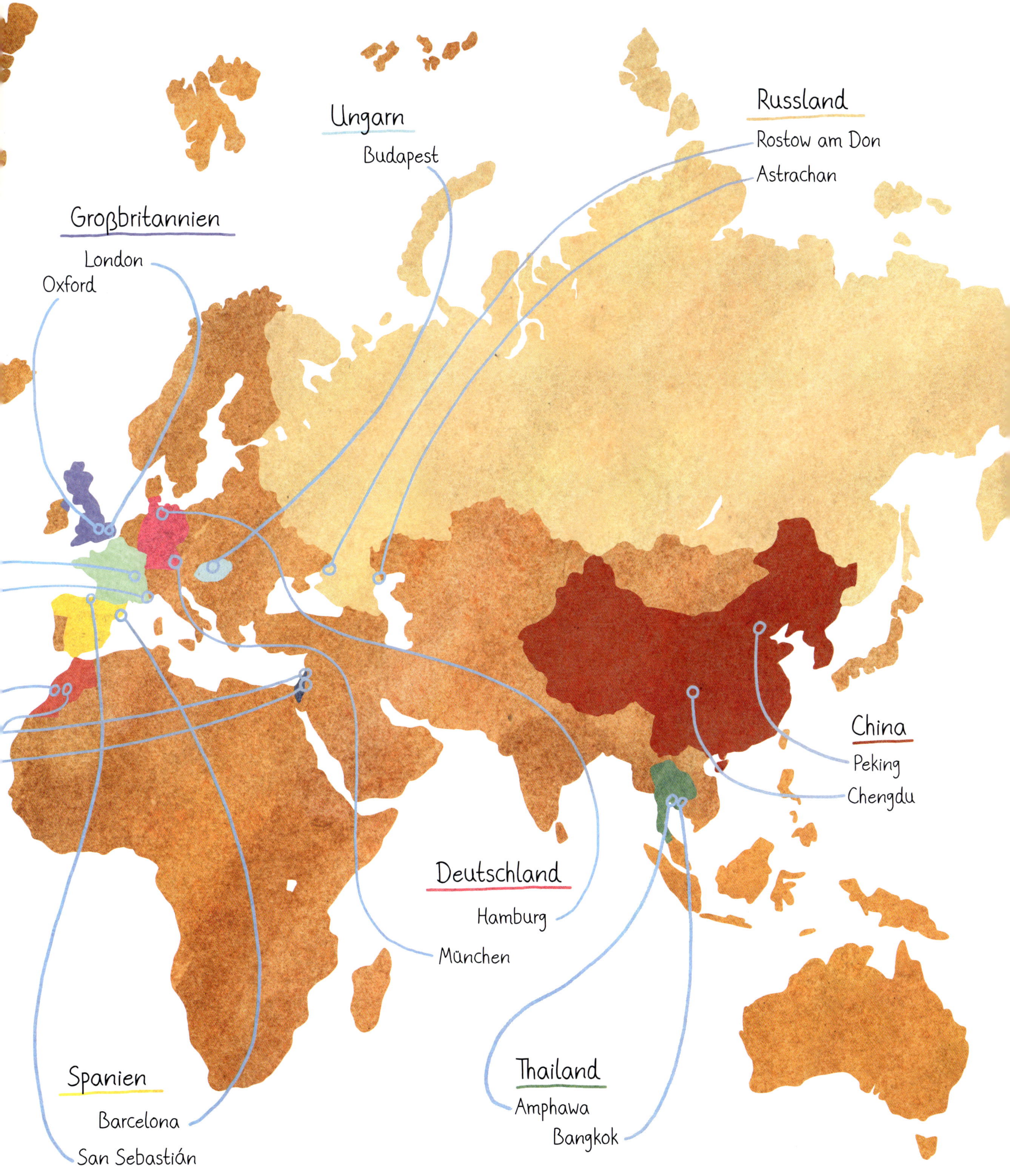
Ungarn
Budapest
Russland
Rostow am Don
Astrachan
Großbritannien
London
Oxford
China
Peking
Chengdu
Deutschland
Hamburg
München
Thailand
Amphawa
Bangkok
Spanien
Barcelona
San Sebastián

Bitte die jeweiligen Öffnungszeiten vor Besuch der Märkte überprüfen.
Möglicherweise haben sie sich nach dem Druck des Buches geändert.

3. Auflage 2026
Die Originalausgabe erschien 2022 unter dem Titel
Фермерские рынки мира. Кругосветное путешествие
bei Samokat Publishing House, Russland.


Buchgestaltung Alice Nussbaum
Published by arrangement with Debbie Bibo Agency

Cover und Ausstattung: Anna Desnitskaya
Lettering: Andreja Kudrjawzewa
Lektorat: Aljona Stscherbakowa
Layout: Alis Akker
Korrektorat: Nadeshda Wlassenko, Aljona Stscherbakowa
Verantwortliche Redakteurin: Aljona Stscherbakowa
Cheflektorin: Irina Balachonowa

Aus dem Russischen von Thomas Weiler, Markkleeberg
Druck und Bindung: Livonia, Riga
Printed in Latvia
Gerstenberg Verlag GmbH & Co. KG
Rathausstraße 18–20, D-31134 Hildesheim
verlag@gerstenberg-verlag.de

ISBN 978-3-8369-6123-3